JN057658

MAGAZINE TOMOKA

TOMOKA SHINDO × SAKI SUZUKI

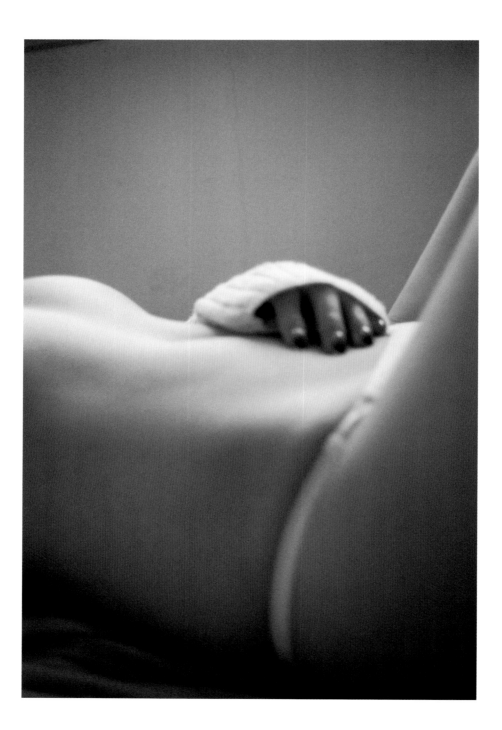

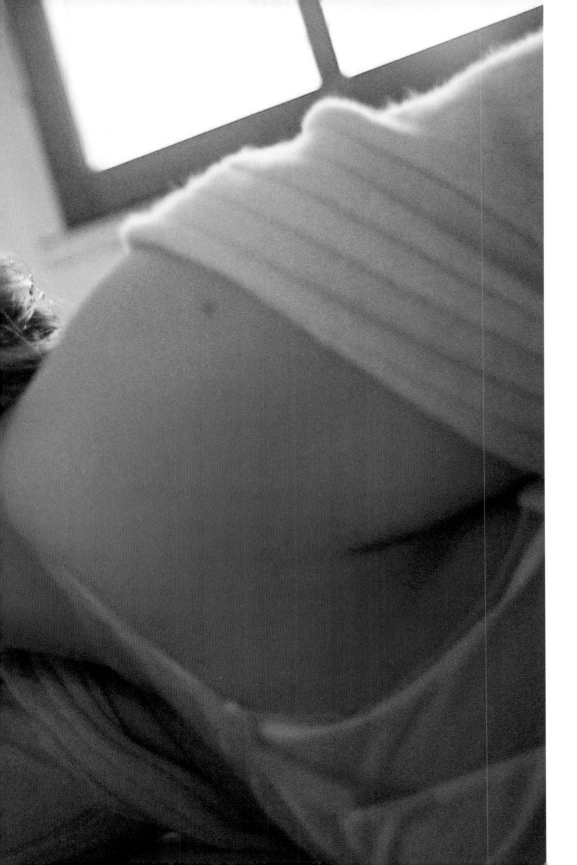

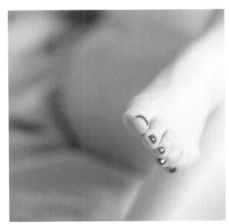

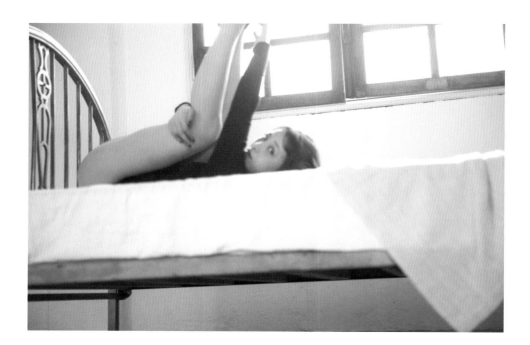

MAGAZINE TOMOKA
TOMOKA SHINDO × SAKI SUZUKI

2020 年 2 月 1 日　初版第 1 刷発行

Photographer	tomoka shindo
model	saki suzuki
Stylist	ayumi matsuda
Hair ＆ Make	yutaka izushima
Transworld Japan Inc.	
Designer	yusuke yamane
Produce	hiromitsu saitoh
Editor	RAIRA
Sales	seiya harada

衣装協力　原宿シカゴ 原宿店／ 03-6427-5505

発行者：佐野 裕

発行所：トランスワールドジャパン株式会社
〒 150-0001 東京都渋谷区神宮前 6-34-15 モンターナビル
Tel：03-5778-8599 Fax：03-5778-8743

印刷・製本：株式会社グラフィック

©Transworld Japan Inc.2020 Printed in Japan ISBN 978-4-86256-278-4

○定価はカバーに表示されています。
○本書の全部または一部を、著作権法で認められた範囲を超えて無断で複写、複製、転載、あるいはデジタル化を禁じます。
○乱丁・落下本は子社送料負担にてお取り替えいたします。